लगती तुम तारा

जय गोविंद शंकर यागनिक

प्रिय पत्नी प्रीति के लिए

इस पुस्तक का प्रकाशन रिंकू, रचना और मिनी के उत्साह वर्धन से
सँभव ।

क्रम-सूची

क्रम-सूची

क्रम-सूची

आमुख

हर मनुष्य अपनी भावनाओं एवं विचार अभिव्यक्त करना चाहता है, और फिर मेरा तो कवि हृदय है तो मेरे मन मे नित नये विचार प्रगट होते रहते है जिन्हे मैं कविता के रूप मे पंक्तिबद्ध करता रहता हूं।

पिछले वर्षों में हम सभी ने करोना की त्रासदी झेली है। सभी को एकाकीपन का कष्ट उठाना पड़ा है। शायद उन दिनों में किसी किसी को दुर्भाग्य वश किसी प्रिय जन का विछोह सहन करना पड़ा हो। कोरोना काल भले ही समाप्त प्राय हो गया है पर उसकी काली छाया अमिट रह गई है। कुछ कविताएं इन दिनों की स्थिति का वर्णन करती

हमारे जीवन पर सबसे ज्यादा प्रकृति का प्रभाव पड़ता है. प्रकृति नित नयी लीला रचती है. विविध रंगो से इस धरा को सुसज्जित करती है जिनका हमारे तन और मन पर तथा क्रियाकलाप पर असर होता है । अतः कुछ कविता प्रकृति का वर्णन करती है।

मानव हृदय समय समय पर किन मानसिक परिस्थितियों से गुजरता है चाहे संबंधों का तनाव हो किसी प्रिय जन का दिया दर्द इन सभी अंतरंग भावों का चित्रण करती हुई कुछ कविता।

मैंने एक क्षुद्र प्रयास किया है, पाठक गण निर्णय देंगे कि अपनी चेष्टा में मैं कहां तक सफल हुआ हूं।

मेरी जीवन संगिनी प्रीति, तीनों पुत्रियां रिंकु, रचना तथा मिनि के सहयोग के बिना पुस्तक का प्रकाशित होना संभव न होता।

जय शंकर

लेखक की पूर्व प्रकाशित रचना:-

कवितांजली २०१७
ताज महल सा चेहरा २०२१

1. बरात और शव यात्रा

शव यात्रा निकल रही थी
सामने से बरात आ रही थी
गली बहुत संकरी थी
कलह ये हुआ कि
बरात पहले जायेगी या
शव यात्रा सम्मान पायेगी
बहस बहस में हुई हाथापाई
कुछ पत्थर चले तो कुछ ने
हाथ की शक्ति आजमाई
कुछ लोग घायल हुए
कुछ अस्पताल गये
दुल्हा नया जीवन शुरू करने
सज-धज कर जा रहा था
मृतक सजी अर्थी पर लेटा
अंतिम यात्रा पर जा रहा था
विवाद न थमता देख
एक वृद्ध सामने आये बोले
दुल्हे को कभी न कभी इस गली से
गुजरने का अवसर मिलेगा
एक दिन वह भी अर्थी पर लेटा
यात्रा करने निकलेगा
मृतक फिर कभी अवसर ना पायेगा
अंततः शव यात्रा पहले निकली
दुल्हा भी यह जान कर खुश था
कि वह भी एक दिन अर्थी पर

लेट कर जाने का अवसर पायेगा।

2. आत्महत्या को

परमेश्वर का दिया सुंदर जीवन
छोड़ कहां चली ऐ बाला
तेरे स्वर्ग से संसार को
किसने नरक बना डाला
नारी ने तो कितने ही
इतिहास रचा डाले हैं
कठिन परिस्थितियों में भी
साहस दिखला डाले हैं
जग को जीवन देने वाली
तुम तो हो सबला
फिर क्यों स्वयं को
बना डाला है अबला
जिस ऊंची अटारी पर खड़ी हो
मृत्यु की गोद में जाने अड़ी हो
उस पर कभी ललनाएं
रूप बिखराती मंडराती थी
शत्रुओं को ललकारती थी
आज तुम उनकी वंशज
इतनी कायर क्यों हो गई
धरती पर उतरो बना दो
नराधमों को धराशाई।

3. सरहद

भावनायें ही तो है
जो दूर रहकर भी
अपनों की...
नजदीकियों का
अहसास कराती हैं
वरना दूरी तो.....
दोनों आँखों के बीच भी है।
सरहद तो हम ही बनाते हैं
इंसान तो उस पार भी हैं
और इस पार भी
पर दिलों को जोड़े भी तो कैसे
कुछ फिरका परस्त लोग
मिलने ही नहीं देते...
गलतफहमी हो जाती हैं
रिश्ते बिखर जाते हैं
वक्त का चक्र
फिर घूम जाता है
दूरियां फिर कम हो जाती है
खुशियां फिर.....
दिलों को जोड़ देती हैं।

4. एक और सुबह जिंदगी की

एक और सुबह जा रही जिंदगी की
एक और दिन गुजर रहा जिंदगी का
ये न सोचो कि कितने लम्हे हैं जिंदगी के
ये सोचो कितनी जिंदगी है हर लम्हे मे
एक और शाम आयेगी जिंदगी की
एक और रात आयेगी जिंदगी में
पर शाम सुहानी में तेरा संग मिले
रात मदहोशी के आलम में निकले
कभी सोचा है कि जिंदगी कितनी बाकी है
कभी समझा कि जिंदगी कितनी कीमती है
कभी किन्हीं ख्यालों में गुजर रही जिंदगी
कभी सपनों की दुनिया में खो रही जिंदगी
तनहाई में भी निकल जाती है जिंदगी
मिलन में हवा के झोंको सी ज़िंदगी
जुदाई में दुख दाई हो जाती है जिंदगी
खुशियों में ठहाकों में डूब जाती है जिंदगी
ये जिंदगी क्या है, क्यों है किसके लिए है
ये जिंदगी तो खुशियों में जीने के लिए है
जिंदगी भगवान का दिया वरदान है
जिंदगी सपने साकार करने के लिए है ।

5. जानवर और इंसान

जंगल में इंसान को घूमते देख
जंगल राज़ा शेर बहुत घबराया
ये विचित्र प्राणी इस घने वन मे,
किस मंशा से रहने यहां आया
इसने तो अपने रहने के लिए,
शहर में सीमेंट की गुफाएं बनाईं है
फिर यहां किस मतलब से आकर
इस वन में रहने को कनात लगाई है
उसने सभी वनचरों की सभा बुलाई
सभी प्राणियों ने राजा से गुहार लगाई
ये जीव शरीर से तो इतना कमजोर है
पर मस्तिष्क से बड़ा चतुर पुरजोर है
इसने कितने विचित्र हथियार बनाये
अपने भोजन के लिए खेत लगाये
राजा ने जानवरों को नजर रखने कहा
अगले दिन लौमड़ी ने जा कर टोहा
इंसान एक घोड़े पर सवारी कर रहा है
वश में ले घोड़े को चाबुक लगा रहा है
अगले दिन तंबू के आगे गाय बंधी पायी
राजा के पास लौमड़ी ने फरियाद लगायी
ये इंसान एक एक कर हमें पालतू बना रहा है
राजा बोला चलो देखें कैसे ये कर रहा है
कुछ दिनों बाद शहर में सर्कस आया
लोगों ने राजा को खेल दिखाते पाया।

6. दीवार का रंग

पुराने मकान की दीवारों के रंग उतर सकते हैं
पर उसमें बसी यादों के रंग कभी उतरते नहीं
फूल मुरझा, शाख से गिर, धरती मे समाता है
पर मन में बसी उनकी खुशबू निकलती नहीं
पति पत्नी उम्र से भले ही वृद्ध हो जाते हैं
पर प्रेम बढ़ता ही जाता है कभी घटता नहीं
अनुभव से ज्ञान की प्राप्ति होती है यह सच है
पर कठिन राहों पर चले बिना किसी को
सत्य के अनुभव की प्राप्ति होती नहीं
आशा निराशा की तरंगों पर बहते बहते
किनारा मिल गया भी पर सहारा मिला नहीं
तो लगता है इस किनारे से डूब जाना अच्छा
बिना किसी कांधे के सहारे जीना नहीं अच्छा ।

7. सोया शहर

लगता है सारा शहर
कफ़न ओढ़ सो गया है
मरघट सा सन्नाटा
हर जगह हो गया है।
रहती थी दिन रात
जहां लोगों की चहल पहल
बन गया वो भूत के डर से
उजड़ा राजमहल ।
बस्ती सारी सिमट गई
अस्पताल के गलियारों में
लम्बी कतारें लग रही है
वैक्सीन के शामियानों में ।
परिजनों को मृतक की सूरत
देखने भी नहीं मिलती
घरवालों के हाथ से
चिता की आग नहीं जलती ।
अपने घर वापसी की रेस
रेल, बस में चढ़ने की होड़
जहां रोजी कमाने को आये
वह शहर जा रहे हैं छोड़ ।
नहीं पता भविष्य में क्या है
अभाव में कैसे हो गुजारा
किस्मत कर रही है किस
भीषण विपदा का इशारा ।

8. यात्रा

हम सब अनंत की यात्रा पर निकले हैं
भूत पीछे छोड़ते भविष्य को अग्रसर
कहते हैं काल का चक्र कभी रुकता नहीं
पर काल स्वयं चलता नहीं, रहता है स्थिर
जैसे गाड़ी आगे बढ़ती है, लगता है कि
भूमि पीछे भाग रही है, ऐसा लगता है
वैसे ही जीवन आगे बढ़ता रहता है, पर,
काल नहीं चलता, वह वहीं रुका रहता है
भूत में जो घट गया, ये तो सब जानते हैं
पर भविष्य की होती नहीं खबर, किसी को
वर्तमान सदा आंखों के आगे रहता है
सब सामने है,पर नजर नहीं आता किसी को
क्यों सुबह और शाम होती है ये पता नहीं
जिंदगी की मंजिल कहां है ये खबर नहीं ।

9. कुंवारा द्वीप

सागर में अनगिनत द्वीप बिखरे हैं
कुछ ऐसे भी जहां किसी के कदम
आज तक नहीं पड़े है
शायद इस इंतजार में थक गये हैं
कोई आयेगा उसका रूप संवारेगा
वृक्षों पर लगे फल शाख पर पक गये हैं
मीठे हैं फल पर कोई खानेवाला नहीं
फूलों की सुगंध का कोई मतवाला नहीं
नदियों का जल कोई दूषित करता नहीं
कोई कोलाहल नहीं, चमकती रोशनी नहीं
सूरज चांद इसके यात्री बन रोज आते हैं
गृह नक्षत्र तारे रात में जगमगाते है
पर जिस दिन मानव के चरण पड़ेंगे यहां
उच्छृंखल मानवीय सभ्यता पसरेगी वहां
तब भी क्या द्वीप की सुंदरता ऐसे ही रहेगी ।

10. मनोकामना

हताश न हो निराश न हों जीवन इक संग्राम है
तुम्हें चलते ही रहना है ना करना विश्राम है
राहें कठिन आयेगी, बाधायें मुंह बाये खड़ी होगी
रीति रिवाजों की बेड़ियां, तुम्हारे पांव में पड़ी होगी
कठिनाइयों को दूर कर राह समतल करनी होगी
सफलता के लिए तुम्हें इतनी कीमत भरनी होगी
रीति के बंधन तोड़ दो, बहती धारा मोड़ दो
कुसंस्कारों की नियमावली साहस कर तोड़ दो
धारा के विपरीत चलोगे तो ही तो उद्गम पहुंचोगे
जहां पहुंच कर क्या, सच क्या मिथ्या परखोगे
अहंकारी मठाधीश बन समाज को भरमा रहे
अपने स्वार्थ पूर्ति के लिए झूठी राह दिखा रहे
ऐसे लोगों के चेहरे पर का मुखोटा निकाल दो
गुमनामी की खाई में पाखंडियों को धकेल दो
सत्य का प्रकाश जग में करो ज्ञान का उजियाला
चीर दो समस्त कुप्रथाओं का आवरण काला
मानव मानव से हिल मिल कर जीवन यापन करे
प्रेम और आनंद के वातावरण में यह जगत विचरे।

11. खुशी की राह

छोटी छोटी बातों से
बड़ी बड़ी खुशियां मिलती है
दूसरों का दुख बांटने से मन में
सुख और शांति मिलती है,
अपने दुख को सभी बड़ा मानते हैं
पर जो दूसरों का दर्द समझते हैं
उनसे ही इस संसार में चैन कायम है
हर जन से प्रेम करें मानवता का नियम है
मीठे शब्दों में जो ताकत है वह
बड़े बड़े हथियारों मे कहां है
नम्रता में दिल जीतने की शक्ति है
सुख और शांति वहां है प्रेम जहां है।
संबंधी से तो सभी निबाह करते हैं
पर अपने शत्रु से जो करता है सद्भाव
उसकी ही अंत में जीत होती है
उसको नहीं होता है मित्रों का अभाव।

12. लेखा - जोखा

बीते दिनों का लेखा जोखा
आज ले कर बैठा हूं
कुछ कड़वी यादें आ गई
कुछ मीठे पल झूम उठे
कभी दुख का अहसास हुआ
कि हम कहां चूक गये
सुख की बातें याद आई
सोचा जाने वो दिन कहां गये
यादों के दरिया में डूबता उतराता रहा
गहरे पानी में कुछ मोती मिले
कुछ शिकवे मिले कुछ फरियाद मिली
अपनों को भुला बैठा
गैरों से मुहब्बत कर ली
जब दर्द उठा दिल सुलग उठा
सितारों को छूने चला था
तो हाथ ही जल उठा
किस्मत अपनी अपनी होती है
कर्म भी अपने अपने होते हैं
दोनों का समन्वय ही जीवन
सुखी शांतिमय बनाता है
प्रभु तुम्हारे दर्शन में ही
जीवन का आनंद आता है।

13. अंदाज जिंदगी का

लोग जल जाते हैं मेरी मुस्कान पर
मैंने कभी दर्द की नुमाइश नहीं की
जिंदगी से जो मिला कबूल किया
किसी चीज की फरमाइश नहीं की
मुश्किल है समझ पाना मुझे क्योंकि
जीने के अलग है अंदाज मेरे
जब जहां जो मिला अपना लिया
जो ना मिला उसकी ख्वाहिश नहीं की।
माना कि औरों के मुकाबले कुछ ज्यादा पाया नहीं
पर खुश हूं की खुद को गिरा कर कुछ उठाया नहीं।

अध्याय 14

इश्क की रवायत

वो इश्क ही क्या जो किसी के चेहरे से हो

मज़ा तो तब है जब मुहब्बत किसी की बातों से हो ।

यादों का सुहाना सफर ले जाता है, मुझे,

तेरी उन हसीन वादियों में जहां

कुछ मेरे तेरे निशान छूट गये है

वो निशान है हमारे प्यार का नजराना

तुम निशानों को संभाल कर रखना।

मैं इस रिश्ते को, कोई नाम नहीं दूंगा,

नाराज़ अगर हुआ तो जाहिर नहीं करूंगा

तुमसे रूठ कर जाऊंगा भी तो कहां

तुम्हारे कांधे के सिवा सुकून पाऊंगा कहां।

तुम्हें चाह कर भी भूला न पाऊंगा

वो दिन जो तुम्हारे साथ गुजारे

यादें उनकी दिल में बसा कर रखूंगा

कहीं भी रहो सदा खुश रहो तुम

कभी कोई आंसू आंख से न टपके

मुस्कान छाई रहे मुखड़े पर हरदम

जी लो हर लम्हा बीत जाने से पहले

यादें लौट कर आती है वक्त नहीं

जब कोई प्रियजन आपसे संपर्क करे

मन में नवीन उमंग का संचार करे

तब जीवन में मधुर रस घुल जाए

प्यार का सागर छलक जाए।

15. रिश्तों के शिखर

जीवन अब पर्वत बन गया है
रिश्तों के शिखर निकलते गये
मेरा मस्तक और भी तन गया है
ये शिखर कब कैसे निकलते गये
समय के साथ पता ही न लगा
कुछ तीखे हैं, कुछ सरल सपाट
कुछ लिए हैं गहरी खाइयां
कुछ लिए मनोहर वादियां
किन्हीं के हृदय से निकल रहे
शीतल जल के सुन्दर निर्झर
किसी के अंदर प्रस्फुटित होते
ज्वालामुखी के दहकते अंगार
इन सब के बीच मुझे रहना है
धीर शांत और गम्भीर
चारों तरफ चलते रहे सदा
मंद मंद शीतल समीर
इन रिश्तों में बना रहे सामंजस्य
कटुता ना फैले किसी के जीवन में
संबंधों में दरार न बन जाये कभी
नहीं तो भूचाल आ जाए मन में
बिखर जाएगा मेरा साम्राज्य
ढह जाएगा मेरा उन्नत शीश
यही सोच कर मैं चाहता रहता हूं
ईश्वर देता रहे प्रेम का आशीष।

16. संगीत

धड़कते दिल के जैसा मधुर संगीत
जिसे कोई नहीं चाहता कि बंद हो,
बाग के कोने से प्रेमी जन की फुसफुसाहट
सुन कर लगता है कभी ना मंद हो,
किसी सुंदरी की सुरमई आंखों की चमक
चाह कर भी नजर हटाने का मन न हो,
पुनम के मनोहारी चंद्रमा की कला देख
चाहें, तपते सूरज का अभी आगमन न हो,
तपते आषाढ़ के आकाश में उठती घटा
किसान के हृदय में आशा का सृजन हो,
प्रसुता माता का बेकरारी से होता इंतजार
कब कानों में नवजात शिशु का क्रंदन हो,
वीणा के सोते तारो में संगीतकार की
कोमल उंगलियों की लय से स्पंदन हो,
वाटिका में रंग बिरंगे प्रस्फुटित पुष्पों पर
आवारा मंडराते भ्रमरों का जब गुंजन हो,
प्रातः काल मंदिरों में भक्तों के जुटते दल
द्वारा, आराध्य देव का पावन अर्चन हो,
उपत्यका में ऊंचाई से झरते प्रपात से
गिरते, जल प्रवाह का प्रचंड गर्जन हो,
जिस रचनाकार ने निर्माण किया इनका
उस महान कलाकार का हमें दर्शन हो ।

17. सपने और हकीकत

कुछ लफ्ज़ मुझे उलझा रहे हैं
जो तुमने मुझसे कहे थे
यादें वक्त का फासला दिखाए
इसके पहले इन्हें मिटा दो
सुबह का उजाला फैल न जाये
तनहाई की रात ढल न जाये
इसके पहले होश में ला दो
कसक दिल मे रह गई है
कांटे बदन में उग रहे हैं
कभी पास आके सहला दो
कोई फर्क नहीं होता
सांझ के झुटपुटे में और
सुबह की आहट होने मे
दोनों को अपनी अपनी जगह रहने दो
जीने के लिये सपने जरूरी है
पर सपने जब हकीकत के सामने होते है
तो वो हकीकत से हार जाते हैं
मुझे सपनों से हकीकत में ला दो।

18. तुम से कहना है

मैं तुम्हारी आंखों की गहराई में
डूब कर जानना चाहता हूं कि
वहां कितनी दूर तक हूं मैं
तुम्हे छू कर जानना चाहता हूं कि
कितने पास तुम्हारे आया हूं मैं,
कुछ मन को समझा देता कि
तुम ना भी मिलो तो क्या
तुम नहीं तो तुम्हारी यादों ने
मेरे दिल में घर बसा लिया,
जब शाम ढले एक दीपक जलता है
तब दीप शिखा में जो चेहरा दमकता है
वह तुम्हारे चेहरे का ही अक्स होता है
उसे देख कर मेरा मन बुझ जाता है,
तुम जल रही हो पर मुझे मिल न सकी
मेरी चाहत अपनी मंजिल पा न सकी।
लगता है सांसें मेरी तेरे लिए ही अटकी
जिंदगी भर जो तेरी इक नज़र को भटकी।

19. तुम्हारे इशारे

तुम्हारे इशारे अफसाने बनते गये
जिंदगी की कहानी बनती चली गई
तुम्हारे कदमों के निशान बनते गये
राह निकलती चली, मंजिलें मिलती गई
कभी किसी मोड़ पर मुड़ कर देखा
बीते सफर की दास्तां बिखरी मिली
कभी देखा भी ना था हमने ये सपना
कभी इस मुकाम पर आ पहुंचेंगे हम
अब सब कुछ बेमानी लगता है हमें
क्या लेके आये थे क्या ले जायेंगे हम
जिसे अपना समझते थे बेगाना निकला
परायों के साथ जिंदगी बिताते रहे
वक्त ने जब दिया झटका इस कदर
पता चला अपनों को हम सताते रहे।

20. तुम्हारी नज़र

अपने चारों तरफ आंख उठाकर देखो
कितनी नजरें तुम्हे किस तरह घूर रही हैं
कहीं नफरत और क्रोध नजर आयेगा
किसी की नजरों में प्रेम का संदेश मिलेगा
यह तुम्हारे व्यवहार पर निर्भर करता है
कि कौन तुम्हे किस तरह अपनाएगा।
अपने चारों तरफ आंख उठाकर देखो
तुम्हे दिन का उजाला नजर आता है
या रात का घनघोर अंधेरा दीखता है
यह तुम पर निर्भर करता है कि
तुमने आंख खुली रखी है या बंद
आंखों पर गिरा गुरूर का पर्दा उठाओ
तुम्हे प्रेम की रोशनी दिखाई देगी
अपने चारो तरफ आंख उठा कर देखो
प्रकृति ने कितना मोहक खेल रचाया है
कितने रंगो से ये धरती सजी धजी है
कहीं पर्वत तो कहीं सागर लहराया है
यदि मरुभूमि ही देखोगे तो शुष्क होगे
फूल भरी वादियां देखो तो रस से सराबोर
यह तुम पर निर्भर करता है क्या पाना है
किस ओर से अपनी आंखें लेनी है मोड़।

21. रिश्तों की अहमियत

जब दिल टूटता है तो
रिश्तों की अहमियत
समझ आती है,
जब किसी से जुदा होते हैं
तो मिलन की कीमत
समझ आती है,
रिश्ते दीवार बन कर रहे
तो किसी को खोने का
डर सताता है,
जब जल्दी हो तो
कहीं देर से पहुंचने का
डर सताता है,
सुबह नींद से उठने में आलस
शाम तक थकान हो
सोने को जी चाहता है
नींद से बहुत प्यार होता है
फिर भी चिर निन्द्रा से डरता है।

22. जिंदगी का पड़ाव

वो अब मेरे पास आते नहीं है
किसी की भी मिलती नहीं है दुआएं
कोई अब मुझे घर बुलाता नही है
लगता है काट रहा हूं कठिन सजाएं
हसरतें जो थोड़ी सी रह गयी है बाकी
पता नहीं अब पूरी होगी भी या नहीं
सारे दरवाजे बंद होते जा रहे हैं
जिस्म में अब वो ताकत भी नहीं रही
पुरानी जिंदगी, सपनों में दोहराता हूं
नयी यादें अब बनना बंद हो गई है
बस बीते दिनों की यादों में जीता हूं
कुछ घिसे पीटे शेर ही गुनगुनाता हूं
जो रिश्ते बनाये थे जिंदगी में हमने
कुछ जग छोड़ गए कुछ बिखर गये
रिश्तों का बोझ ढोते ढोते हम टूट गये
तनहाई का दुख सहने हम अकेले रह गये
जिस रिश्ते को बड़े जतन से संवारा
प्यार के गंगाजल से सींच कर बढ़ाया
वह भी ना जाने कहां चला गया
समय की धारा में ना जाने कहां गया
अब सीख लिया हमने तनहाई में जीना
चार दीवारों मे कैद हो गयी जिंदगी मेरी
कोई चेहरा याद करने को नहीं रह गया
सुनसान मन में बस रह गयी है बेकरारी।

23. ख्वाहिशें

तुम्हारे इशारे अफसाने बनते गये
जिंदगी की कहानी बनती चली गई,
तुम्हारे कदमों के निशान बढ़ते गये
राह निकलती चली मंजिलें मिलती गई
कभी किसी मोड़ पर तुमसे मिले थे हम
जीवन भर साथ चलने की खाई कसम
पर ऐसा हो न सका, साथ चल ना सके
कुछ बातें बनती गई जिन्हे रोक ना सके,
तनहाई की गहरी खाई में उतरते चले गये
दूरियां बढ़ती गयी और रास्ते बदलते गये
अपने थे कभी हम, गैर होते चले गये
जो रहते थे पास, तस्वीर मे ही रह गये,
रेल की पटरियों की तरह हो गया जीवन
सामने होते हुऐ भी मुमकिन नहीं मिलन
जिंदगी इसी तरह से गुजरती जाएगी
ख्वाहिशें धीमे धीमे पिघलती जाएगी।

24. लगती तुम तारा

तुम दूर रहती हो तो जुगनू लगती हो
पास रहती हो तो लगती तुम तारा,
पवन जब तुम्हें छू कर आता हो
तेरी खुशबू देती है हृदय को सहारा।
तब लगती हो तुम तारा।
चंद्र की सी शीतलता तेरे रूप में बरसे
सूरज की किरन सा चमके मुखमंडल
मेघों के बीच झांकते चंद्रमा जैसे ही,
घनी केश राशि के मध्य चमकते कुंडल
तब लगती हो तुम तारा।
कोमल हाथों का स्पर्श जब मिले तुम्हारा
संवारती मेरे माथे की बिखरी लटों को
सुराहीदार गर्दन पर चिपका छोटा तिल
बढ़ा देता है तुम्हारे निसर्ग सौंदर्य को।
तब लगती हो तुम तारा।
गोरे ललाट पर सिंदूरी सूरज सी बिंदी
नयनों में लगे काजल की तीक्ष्ण धार
प्रणयी हृदय को घायल करने में सक्षम
गुलाब की पंखुड़ियों से होंठ करें बेजार।
तब लगती हो तुम तारा।
शीतल रजनी के अन्तिम प्रहर के गहन
स्वप्नों में, जब आओ मादकता छा जाए
सुहावनी भोर की भीनी भीनी बेला मे
प्रस्फुटित पुष्पों में तेरा रूप झलकाए
तब लगती हो तुम तारा।

हाहाकार कर उठता है हृदय जब तुम
तिरछी चितवन से इशारा करती हो
कोमल लटों को अपने गोरे ललाट से
सुंदर मुखड़े को झटका दे, सरकाती हो।
तब लगती हो तुम तारा।

25. मंजिल और मैं

मंजिल मेरे सामने ही थी
पर मैं रास्ते तलाशता रहा
उस तक पहुंचना आसान था
पर मैं कठिनाइयां ढूंढता रहा
वक्त तो बहुत था पर
मैं घड़ियां देखता रह गया
दो कदम चल भी लेता पर
मैं हमसफ़र चाहता रहा
रास्ते लम्बे होते गये और
मैं मील के पत्थर देखता रहा
अब कदम उठते नहीं और
मैं बेबसी पर पछताता रहा
अब जब मंजिल दूर हो गई
मैं हाथ बढ़ा छूना चाहता रहा
गलती मेरी ही थी पर मैं
किस्मत को कोसता रहा।

26. मेरे सपने

मेरे सपने अब चुक गये है
अब कोई सोच नहीं आता
भविष्य की चिंता नहीं मन में
क्यों कि कोई मंजिल नहीं बाकी
जहां पहुंचने की तदबीर करूं।
अभी ना जाने कितना जीवन
और जीने को रह गया है
ये तो पता नहीं मुझको
पर कदमों में ठहराव आ गया है
क्यों कि अब कहीं पहुंचने की
मुझको जल्दी नहीं रह गयी है
पर कब तक इस शरीर को
ढो सकूंगा ये नहीं मालूम
थक गया हूं इस जीवन का
सफर तय करते करते
अब विश्राम करना चाहता हूं
रिश्ते नातों का मोह नहीं रहा
बस उस मालिक से नाता रहे
जिसकी गोद में सर रख
सदा के लिए चैन से सो जाऊं ।

27. मुझे अच्छा लगता है

जब तुम मुझे अकेले बाहर नहीं जाने देते
कहते हो, मैं भी तुम्हारे साथ चलता हूं
मैं अकेली नहीं यह सोच कर खुश होती हूं
तब मुझे अच्छा लगता है
जब राह पर तुम मुझसे आगे चलते हो
मुझे रास्ते पर पड़े पत्थर से बचाते हो
जब मैं समझती हूं तुम्हारे साथ सुरक्षित हूं
तब मुझे अच्छा लगता है
जाड़े की रात में ओढ़ा कंबल सरक जाता है
तुम नींद से जाग कर फिर से ओढ़ा देते हो
मैं आश्वस्त होती हूं कि तुम्हें मेरी फिक्र है
तब मुझे अच्छा लगता है
जब ऊंचाई पर चढ़ते वक्त हाथ थामते हो
मुझे लड़खड़ाने से बचा लेते हो तो
भरोसा बनता है, तुम हमेशा मुझे संभालोगे
तब मुझे अच्छा लगता है
जब तुम दुख में, मेरे ग़म में डूबे चेहरे को
अपने मजबूत कन्धों का सहारा देते हो
तुम्हारे सीने में चेहरा छिपा सहज होती हूं
तब मुझे अच्छा लगता है ।
तुम सदा मेरे साथ साथ ही चलोगे
कड़ी धूप में मेरे लिए तुम छांह बनोगे
सर्द मौसम में अपनी बाँहों की गर्मी दोगे
मुसीबत में मेरी ढाल बन सामने होंगे
जब ये ख्याल मन में मेरे आता है

तब मुझे अच्छा लगता है ।

28. रात को रोक लो

रात को रोक लो, कहीं तुम्हें भी साथ ना ले जाए
इतनी सुहानी रैना यूं ही प्यासी ना रह जाए,
तेरे रहने से उजड़े बियाबान में भी मन लगता है
तुम् बिन भरा पूरा शहर भी सुनसान लगता है,
सुबह को दुश्मनी है मुझसे न जाने किलसिए
सौतन है मेरी ,कहती है बहुत हुआ अब चलिए,
चंद पहर भी तुम्हारे साथ नही रहने देती
दिन भी लंबा होता है , रात जल्दी नहीं आती .
कहते हैं इश्क में जीना क्या मरना भी क्या
तड़प तड़प कर जीने में आता है मज़ा क्या,
कोई मुझसे ये पूछे तो जरा पास आकर मेरे
ये दीवानापन क्या ले जायेगा मुझे तेरे द्वारे,
हर बार जवाब यही रहेगा मेरा उनसे "जय"
प्यार में न जीत होती है , ना होती पराजय ।

29. तुम्हारी रूप राशि

तुम अपनी बिखरी जुल्फें समेट लो
जाने कितने लोग उनमें उलझ जाते हैं
अपनी चितवन को पलकों में छिपा लो
जाने कितने लोग घायल हो जाते हैं
आंखों के प्याले से छलक रही मदिरा
जाने कितने लोग बेसुध हो जाते हैं
कोमल शाख जैसी तुम्हारी दो बांहे में
जाने कितने लोग समाना चाहते हैं
तुम्हारी कोयल सी मधुर आवाज में
जाने कितने लोग जादू में बंध जाते हैं
हिरनी सी तुम्हारी चाल के पीछे
जाने कितने लोग दीवाने बन जाते हैं
तुम्हारे नयनों की सागर सी गहराई में
जाने कितने लोग डूबते-उतराते हैं।

30. राहें बनाते चलो

धरती पर पड़े निशान के सहारे
हर कोई आगे बढ़ सकते हैं
पर जो अपनी राह खुद बनाते हैं
वही समाज को पथ दिखाते हैं
अपने लक्ष्य से भटक जाओ तो
उस उपर वाले से मदद मांगो
कोई न कोई इशारा मिलेगा तुम्हें
फिर लक्ष्य को ओझल न होने दो
जितनी भी कठिन मंजिल सामने हो
मगर तुम अपना रास्ता बनाते चलो
लोग उस पर चलेंगे, और आगे बढ़ेंगे
तुम उन्हें अपना रहबर बनाते चलो
मैं दूर गगन को छूना चाहता हूं
पर मेरे पंख अशक्त हो गये हैं
पर्वतों की ऊंचाई नापना चाहता हूं
पर मेरे पांव कमजोर हो गये हैं
कोई तो आगे आयेगा एक दिन
मैं जो न कर सका उसे वह करेगा
पूरी करेगा जितनी भी हो कठिन
मेरे सपनों को वह साकार करेगा।

31. यादों का बसेरा

कभी तनहाई में तुम्हारी याद सताती है
कभी फूलों से तुम्हारी भीनी खुशबू आती है,
कभी कभी जब सूनेपन का अहसास होता है
तब तुम्हारा चेहरा ही नज़र के सामने होता है,
दिन गुजरते जाते हैं उस दिन के इंतजार में
जब आओगी तुम मेरे इस उजड़े दयार में,
जहान से चला जाऊंगा वहां उस दुनिया में
जहां से लौट कर आता नहीं कोई इस जहान मे,
फिर तुम तरसती रहोगी मेरे दीदार के लिये
बरसती आंखों में निराशा की धुंध लिये
कुम्हलाये जीवन वृक्ष को फिर हरा करो
आ जाओ दो पल को अपनी बहार लिये ।

32. बोझ सांसों का

बोझ सांसों का भी होता है ये तब समझ में आया
जब नदी मे किसी लाश को तैरते पाया।
दर्द में घुटते इंसान को बोझिल सांसें लेते देखा,
तब सांसों का बोझ क्या होता हे समझ में आया।
जिंदगी से मायूस हो कर भी जीने की मजबूरी देखी,
तब सांसों का बोझ क्या होता है समझ में आया।
चंद सिक्कों के लिए लैम्प पोस्ट के नीचे खड़ी जिंदा लाश देखी,
तब सांसों का बोझ क्या होता है समझ में आया।
दरिया में डूबने से बचा कर मुंह में सांस फूंकते देखा,
तब सांसों का बोझ क्या होता है समझ में आया।
किसी के अंतिम सांस लेने के बाद लोगों को बिलखते देखा,
तब सांसों का बोझ क्या होता है समझ में आया।

33. यादों की भवंर

यादों को कितना ही दूर करो
वह लौट के आ ही जाती है,
तुम्हारी सूरत भुलाऊं कैसे
मेरी आंखों में बस जाती है,
हर नये दिन की शुरुआत
इस आस के साथ होती है,
कि आज उनका दीदार हो जाये
पर मायूसी में शाम ढलती है,
क्यों कि वो वादा कर भूल गये
ज़ख्मी दिल में आग सिसकती है
इंतजार कर कर दिल है बेकरार
जिंदगी तिल तिल कर खत्म होती है
भीड़ में भी तनहा रह गया हूं मैं
उनसे मिलने को तबीयत मचलती है,
सुबह का कोहरा शाम का धुंधलका
रोशनी के लिए जिंदगी तरसती है,
फिर भी हर रोज नई सुबह होने पर
एक नई आस फिर उपजती है,
इन यादों की भंवर मे फंस कर
किस्मत मेरी यूं ही चकराती है।

34. मुहब्बत की राह में

वो महकती हुई सुबह कहां खो गई
वो सुहानी शाम कहां विलीन हो गई,
तनहाई में तड़पाने बस यादें रह गई
कितनी रातें दर्द में सिमट कर रह गई,
ज़ख्म जो दिये कातिल ने मेरे दिल मे
नाम लिखा था उनका रगो के लहु से,
कभी बेखुदी से मुहब्बत के दीवानेपन मे
लहु का रंग ही बदल डाला बेवफाई ने,
अब नाम भी नहीं आता है मुझे नज़रों मे
आज देखना भी नहीं चाहता हालत उनकी,
इतना दर्द सहना पड़ेगा जानता अगर
मैं कभी पकड़ता नहीं राह मुहब्बत की ।

35. होली पर

केसर और टेसु घुले रंग की फुहार
तन और वस्त्रों को भीगो कर गये
पर राधा का मन तो फिर भी बेरंग है
होरी खेलन श्याम जो नहीं आये।
अकेली बैठी मन मसोस कर राधिका
सर्वत्र मस्त हो झूम रहे लोग लुगाई
बृज भुमि क्यों रस विहीन हो रही
निर्मोही कान्हा ने क्यों बंसी न बजाई।
सखियां होली खेलन जो आई
मुख फेर लियो वृषभानु नंदिनी ने
मोहे तो बस एक रंग ही भाये
नंद को लाल जो मोहे लगाये।
होरी के गीत विरहा के गीत लागे
तन मन में और संताप जगावे
मधुर मधुमास तप्त वैशाख लागे
शीतल हो जाऊं जो मुरलीधर आवे।
बाट निहारे राधा रीते नयन लिए
छेड़त सखियां, भूले तुम्हे कन्हैया
तुम बैठी मन मार झूठी आस लिए
राज सुख में रत हो गया बंसी बजैया।

36. संचालक

कभी फूलों को प्रस्फुटित होते देखा
कभी बादलों को गगन में घुमड़ते देखा
मैंने सूरज को उगते और डूबते देखा
पर जो ये लीला रचे उसे नहीं देखा
लेकिन आज मैं उन्हें देखना चाहता हूं
लोग कहते हैं कि वह मेरे अंदर ही है
पर मुझे कोई तो वह आईना दिखाए
जिसमें अंदर छुपे रुप का दर्शन हो
कोई कहता है वह स्वयं निराकार है
पर प्रकृति को रंग, रूप,आकार देता है
नेपथ्य में रह कर रंगमंच चलाता है
स्वयं अभिनेता नही दिग्दर्शन करता है
कब किस पात्र की भूमिका समाप्त हो
इसका निर्णय वही संचालक लेता है।

37. हकीकत

बादलों के पैर जंजीरों से कोई बांध न सका
सूरज का ताप दरिया को सोख न सका
बहती नदिया को कोई पर्वत रोक ना सका
उम्र का प्रभाव मानव कभी कम न कर सका
उग्र तूफान का मुंह क्या कोई मोड़ सका
हवा को हाथों में कोई कैद न कर सका
फिर भी इंसान हकीकत से मुंह मोड़ता
झूठी मृग तृष्णा के लिए दर दर भटकता
जो पास है उसे छोड़ बड़ी लालसा के लिए
अपने लिए गए गलत निर्णय पर पछताता
फिर भी अपनी भूलों से सबक नहीं लेता
जीवन भर मुश्किलों से संघर्ष करता जाएगा
एक दिन इस जग को छोड़ चला जाएगा ।

38. जीवन की पहेली

जीवन की पहेली जितना सुलझाना चाहता हूं
उतनी और उलझती चली जाती है
रिश्तों को जितना सहज करना चाहता हूं
उतने और बिखरते ही चले जाते हैं
सागर साहिल पर पछाड़ खा गिरता है
लहरें उसे समेट कर वापस ले जाती है
नाव नदी का किनारा ढूंढती रहती है
पर तीव्र धारा मझधार में ले आती है
बीते दिनों की यादें भुला नहीं सकते हैं
मन के घाव नासूर बनते जाते हैं
दर्द जब आत्मा को झिंझोड़ देता है तब
कुछ बस नहीं चलता है तो आंसू बहाते हैं
जीवन की यही रीत है दुःख सुख की छांव
पल में आंसू बहाना पल में मुस्कुराना
कभी कांटों की डगर पर चलने की चुभन
कभी कोमल फूलों के गलीचे पर चलना
इस खेल में क्या जीता क्या हारा हमने
इस गणित के जाल में उलझ गया 'जय'
माया की इस अनबुझ पहेली का हल
कभी क्या मिटेगा ये जीवन का संशय ।

अध्याय 39

40. कल और आज

बिता हुआ कल एक स्वप्न था
आज उसका कोई अस्तित्व नहीं
जो सत्य है वो आज है
आने वाले कल की कोई आशा नहीं
खुशियां कुछ क्षण की ही होती है
इसलिए जीना है तो आज जी लो
जो आज है, वो कल भी रहेगा मालूम नहीं
जो मीत मिले हैं उन्हें गले लगा लो
बस कुछ ही सपने याद रह जाते हैं
बाकी गुम जाते हैं रात के अंधेरे में,
ऐसे ही बीते दिनों की कुछ यादें
समा जाती हैं मन की गहराई में
सूरज रात को कहीं खो जाए तो
अगली सुबह फिर लौट कर आता है
अंधेरे को मिटाने का बीड़ा है उसका
आखिर धरती को छोड़ कहां जा सकता है
खुशी के पल छोटे भले ही लगते हैं
ग़म जाड़े की लम्बी रात सा लगे
पर खुशियों के थोड़े पल भी अनमोल हैं
कल शायद आंसू से नयन भीगें
सागर का जल, अथाह भले ही हो
तृष्णा बुझती है मीठे पानी से ही
चाहत जितनी अनगिनत हो,
पर खुशी मिलती है पूरी होने से ही
छोटी-छोटी खुशियों के पल सहेज लो

बड़े से बड़ा दुख भुला दो
जीवन छोटा है तो क्या
जीवन आनन्द से उसे लम्बा कर लो।
कुछ रोशनी तुम्हारे चेहरे पर है
कुछ रोशनी मेरे दिल में भी है
कुछ रंग तुम्हारे चेहरे पर बिखरे है
बता रहे हैं तुम्हारे मन की कशमकश
कुछ रंग मेरे चेहरे पर भी बिखरे हैं
दिखा रहे हैं मेरे हृदय का पशोपेश
तुम चाहो कर भी कह नहीं सकती
मन की बात जुबां पर ला नहीं सकती
बहक जाता है मन कभी तेरी यादों मे
उदास हो जाता हूं उन सूने पलों में
बरस जाता होगा पानी तुम्हारी आंखों से
जब तुम खो जाती होगी मेरे ख्यालों में
शाम ढले धुंधलका छा जाये जब नभ मे
बरबस याद सताती रहती है मन में मेरे
सोचता हूं क्या यही हाल होगा तुम्हारा
वीरानगी आ जाती होगी चेहरे पर तेरे।

41. कल और आज

बिता हुआ कल एक स्वप्न था
आज उसका कोई अस्तित्व नहीं
जो सत्य है वो आज है
आने वाले कल की कोई आशा नहीं
खुशियां कुछ क्षण की ही होती है
इसलिए जीना है तो आज जी लो
जो आज है, वो कल भी रहेगा मालूम नहीं
जो मीत मिले हैं उन्हें गले लगा लो
बस कुछ ही सपने याद रह जाते हैं
बाकी गुम जाते हैं रात के अंधेरे में,
ऐसे ही बीते दिनों की कुछ यादें
समा जाती हैं मन की गहराई में
सूरज रात को कहीं खो जाए तो
अगली सुबह फिर लौट कर आता है
अंधेरे को मिटाने का बीड़ा है उसका
आखिर धरती को छोड़ कहां जा सकता है
खुशी के पल छोटे भले ही लगते हैं
ग़म जाड़े की लम्बी रात सा लगे
पर खुशियों के थोड़े पल भी अनमोल हैं
कल शायद आंसू से नयन भीगें
सागर का जल, अथाह भले ही हो
तृष्णा बुझती है मीठे पानी से ही
चाहत जितनी अनगिनत हो,
पर खुशी मिलती है पूरी होने से ही
छोटी-छोटी खुशियों के पल सहेज लो

बड़े से बड़ा दुख भुला दो
जीवन छोटा है तो क्या
जीवन आनन्द से उसे लम्बा कर लो।

42. सृजन

पतझड़ में शाख से पत्ते गिर जाते हैं
नव पल्लव के लिए जगह बनानी है
पुष्प पराग कण देते मक्षिका को
रसवन्ती मधु जग को देनी है
पत्थर पर पछाड़ खा खा कर नदियां
शीतल जल प्रदान करे जीवों को
बरस बरस कर मेघ मंडल नभ से
नव जीवन प्रदान करे वसुंधरा को
कड़ी धूप में पसीना बहा कृषक
वसुंधरा पर अन्न धान्य उपजाए
तब जाकर लोगों का पोषण हो
तो संपूर्ण जगत का मन हर्षाए
कलाकार सृजन करता मूरत का
रंगों से उसे जीवंत बनाया उसने
प्रशंसकों ने दी कितनी ही बधाई
इस कला का उपहार दिया किसने ?

43. तिरस्कृत

धंसी हुई आंखों के कोटर में काले घेरे
झुर्रियों से मुरझाया हुआ चेहरा
पिचके हुए गाल, सिलवटें माथे की
बीते दिनों की आत्मकथा का आईना
जाने कितने बवंडर झेले हैं जिसने
सुलगती धूप में कठिन श्रम किया हो
कमर, जिंदगी का बोझ ढोते झुक गई
पांव, उम्र के पड़ाव पार करके थक गये
पर जाने उस चेहरे में ऐसा क्या था
आंखें चाह कर भी हट न रही थी
आज चाहे ये मूर्ति खंडित सी भले लगे
जाहिर है कि कभी उसके भी पुजारी थे
जिन्हें जीवन दिया, पाल पोस बड़ा किया
जब आया समय सहारा देने का उसको
रेलवे प्लेटफॉर्म पर लाचार बना छोड़ दिया
जीवन भर संघर्ष रत रहा था आज भी है ।

44. संवाद

चलो उम्र के इस आखिरी पड़ाव पर
कुछ मैं कहूं कुछ तुम कहो
आओ पहले मैं ही कहता हूं,
"पति"
बहुत से मौके जीवन में ऐसे भी आये होंगे,
जब मैंने तुम पर अपना क्रोध उतारा होगा
कभी ना चाहते हुए भी तुम से रूठा होऊंगा
तनाव के क्षणों में तुम्हारे होते हुए भी,
मैं कहीं और खो जाता था
तुम उदास सहमी सी बैठी रहती थी
मैं तुम्हें झिड़क देता तब, जब,
तुम मुझे मनाने की कोशिश करती थी
ऐसा नहीं कि मैंने सब ग़लत ही किया
कुछ ऐसे मधुर क्षण भी होते थे
तुम्हारा सर स्नेह से तब सहलाता
जब तुम दुखी होकर मेरे कांधे पर
सर रख सिसकती
तुम्हारी दवा का ध्यान रखता
जब तुम बीमार होती
तुम्हें याद है ना जब
जाड़े की सर्द रात में तुम्हारे तन से
लिहाफ सरक जाता मैं धीरे से ओढ़ाता
हम कितनी ही खूबसूरत जगहों में
हाथों में हाथ लिये घूमते ये तुम्हें याद होगा
मैंने ताजमहल देखते समय ये नहीं कहा,

कि मैं तुम्हारे लिए ताजमहल बनाऊंगा
मैंने तो ये कहा था तुम्ही मेरा ताजमहल हो
गर्मी के दिनों में तुम्हारे लिए बेला का गजरा
जूड़े में लगा तुम्हें सजाता था
अब तुम कहो क्या है तुम्हारे मन में मेरे लिए
"पत्नी "
मैं एक छोटे शहर की सीधी लड़की
तुम्हारे संसार में बसने आई
छोटी छोटी बातों पर की लड़ाई
तुम्हे छोड़ पीहर चली जाती
कभी सोचा नहीं, कि तुम कैसे
रखोगे, अपनी जरूरतों का ध्यान
न सोचा, आफिस जाते समय शर्ट का टूटा बटन
तुम कैसे लगा सकोगे
जब बच्चे हो गए तब तो मैं
बच्चों के पीछे इतना पागल थी
कभी तुम्हारे लिए सोचने का ध्यान भी न था
आज बच्चे बड़े होकर अपनी दुनिया में चले गए
तब मेरे पास तुम ही रह गये
जहां से शुरूआत करी थी
फिर वापस उसी मोड़ पर खड़े हैं
अब मैं तुम्हारे साथ चलना चाहती हूं
पर पैरों में वह ताकत नही रह गई
हां कुछ मीठी यादें भी हैं
तुम्हारी सुबह मेरी लाई चाय के प्याले से होती
शाम को ऑफिस से आने में तुम्हें देर होती
तो मैं छत पर अकेली खड़ी
घण्टों मैं तुम्हारी राह निहारती
तुम्हारे कुंडली वाले बालों में

उंगली फेरना मुझे भला लगता था
तुम्हारे दिन भर के थके मस्तिष्क को
कितना आराम मिलता था
तुम ऑफिस चले जाते
मैं तुम्हारी डायरी पढ़ती रहती
जिसमें तुम मेरे लिए
अपने मन के विचार लिखते
तुम्हारे सारे खत जो तुम
मुझे मायके में रहते लिखते
आज भी सहेज कर रखें है मैंने
जैसे वही मेरी सबसे कीमती पूंजी है
जब भी तुम्हारी तबीयत बिगड़ती
जैसे मेरे प्राण सूख जाते
फिर तो मैंने तुम्हारे बिना मायके
जाना भी छोड़ दिया था
"पति"
चलो बीते दिनों के
शिकवे शिकायत छोड़ दो
अब तो मुझे तुम्हारे लिए
और तुम्हें मेरे लिए जीना है
जो समय रह गया है
हंसी खुशी से गुजार दें
"पत्नी"
अब मेरे तुम्हारे बीच कोई नहीं रहा
तन तो थक गया पर मन कहता है
तुम सदा मुझे लिए रहो अपनी बाहों में
बंध जाएं और प्रगाढ़ प्रेमालिंगन में ।।

45. रेल की पटरी

रेल की पटरियां दो हो कर भी एक हैं
पर फिर भी मिल नहीं सकती
अब क्या एक होना अहम है
या मिलन का आनंद जरूरी है
दूसरों को खुश करने में
कुर्बान करना अपनी खुशी को
ये सही है या नहीं कौन जाने
एक ही तो थे राधा और कृष्ण
पर दोनों का न हो सका मिलन
मंदिर में मूरत के रूप में ही खड़े साथ
एक बार मिलने पर कृष्ण ने राधा से कहा
मुझसे पूछो कैसे तुम्हारा वियोग सहा
राधा बोली मैंने तो तुम्हारा वियोग कभी न सहा
तुम तो सदा रहे मेरे हृदय में
बिछुड़े ही नहीं फिर वियोग कहां
बात ऐसी कहो जो दिल को लगे दिल पर नहीं ,
जो दिल में रहते हैं कभी दूर नहीं होते हैं
हम किस्मत को नहीं चुनते
किस्मत ही हमें चुनती है
दो अलग अलग पटरियों पर
चलने को मजबूर करती हैं
मिल जाएं अगर रेल की पटरियां
न चल पायेगी रेल, ना कोई मानेगा
महत्व इन बेजान पटरियों का।

46. स्पर्श

हाथों के स्पर्श की
अपनी पहचान होती है
किसी हाथ के स्पर्श में
मां की ममता होती है
बहन ने कलाई छूई तो,
राखी याद आती है
किसी वृद्ध का हाथ हो सर पर
पिता की याद आती है
कभी कोई सर सहलाता है
मां की याद आती है
कभी कोई उंगली पकड़े तो,
नन्ही बेटी की याद आती है
किसी ने कांधे पर हाथ रखा
मित्र की याद आती है
हाथों में हाथ लिये जो किसी ने
प्रियतमा की याद आती है।

47. विनती प्रभु से

प्रभु मैं ये तो नहीं कहता कि
कभी मुझे रोने मत देना
रोऊं भी तो तुम्हारे सामने ही
बस इतनी लाज ज़रूर रखना
तुमने कांटों पर चलाया तो मैं चला
पर तुमसे शिकायत तो नहीं की
दुख के पहाड़ गिराए मुझे पर
पर मैंने उफ तक नहीं की
कभी सुख की राह पर चलाया
तुम्हारा अहसान माना मैंने
मेरा सोने जैसा संसार बसाया
सदा शीश झुकाया मैंने
क्यूं लेते हो इतनी परीक्षा मेरी
जग के सामने झुकाना चाहते हो
मन में प्रीत भरी है तुम्हारी
क्यों माया में उलझाना चाहते हो।

48. आखिरी सहारा

नाव मे तो छेद था
पर पतवार भी टूटी निकली
जिस लाठी का सहारा लिया
वह भी जर्जर नाजुक मिली
जिस दर पर पनाह चाही
था वह शिकारी का जाल
सुकून भरी जिंदगी मांगी ख़ुदा से
मजबूरी ने बनाया बेहाल
तमन्ना थी दिल में यार का दीदार मिले
जमाना बीच मे पर्दा बन गया
जीवन के तहखाने में कैद था
हर दरवाजा दीवार बन गया
जिस मंदिर की चौखट पर सर पटका
लाख सजदा किया लेकिन
ज़ालिम का दिल ना पिघला
किस दर पर फरियाद ले जाऊं
हर एक खुद में ही मसरूफ है
अब इस लंबे सफर में थक गया हूं
अब तो खुदा ही तारूफ है।

49. प्रेम

प्रेम-- ये केवल एक शब्द नहीं
एक खूबसूरत अनुभूति है
जिसे बस अनुभव ही किया जा सकता है
जो किया नहीं जाता स्वतः हो जाता है।
प्रेम-- कण कण को इसकी जरूरत है
हर एक को इसकी चाहत है
सभी को इससे मिलती राहत है
प्रेम सही मायने में एक इबादत है।
प्रेम- न किसी की इजाज़त मांगता है
ना किसी के बस में है, बस हो जाता है
जिसे मिल जाए उसके लिए वरदान है
जिसे ना मिले वो अभागा इंसान है।
कहने को तो बहुत से लोग हैं आस पास
पर नहीं जानता कि उनमें कौन अपना है
इन आंखों से बहुत कुछ दिखाई देता है
पर नहीं जानता क्या सच है क्या सपना है।
हम दूसरे की सांसो में इतना खो जाते हैं
कि अपनी सांस को ही भूल जाते है
दूसरों के लिए जिंदगी जीते जीते
खुद के जीवन का रस छोड़ देते हैं।
सोचते हो कि समय तुमसे रूठ गया
पर समय को थोड़ा समय दे दो
समय हर समय को बदल देता है
समय बदल जायेगा, सोच बदल दो।
कुछ सवालों के जवाब हम

इधर उधर ढूंढते रहते है
जब की उनके आसान जवाब
हमारे सामने ही होते हैं ।
प्रेम- बेवफाई से टूट कर बिखर गया
उसके टुकड़े समेट लुं भी तो क्या होगा
शीशे सा दिल अगर टूट जाता है तो
दिल को दिलासा देने से क्या होगा ?

50. तुम क्या हो

तुम हमेशा से मेरा आईना हो
अगर मुझे लगा कि, मैं खुद को देखूं
तो मैं तुम्हें देखूंगा
तुम मेरे चेहरे की मुस्कान हो
मैं कभी चाहूंगा की मैं हंसु
तो मैं तुम्हारे पास आऊंगा
मेरे आंसू तुम्हारे दामन मे रह गये है
अगर कभी रोना चाहूंगा तो
तुम्हारे कांधे पर सर रख रोऊंगा
मेरे सपने तुम्हारी आंखों में बसे हैं
कभी ख्वाब देखना चाहूंगा
तो तुम्हारे सपनों में आऊंगा ।
जब तक जिंदगी है मेरी जानम
जहान के इस छोर से दूसरे तक
दर दर तुम्हें ढूंढता रहा जाऊंगा।

51. दस्तक

कुछ फासले ऐसे होते हैं जिन्हें
कम करने को जी नहीं करता
जैसे सितारे दूर से अच्छे लगते हैं
उन्हें छू लेने का जी नहीं करता ।
बरसों से एक दस्तक का इंतजार है
ना जाने वह घड़ी कब आएगी
दरवाजा भी अब अटक चला है
आशंका है वक्त आने पर
खुलेगा या दस्तक वापस लौटेगी
खामोश मुहब्बत का इजहार करना
मुश्किल होता है यह सही है पर
मुमकिन नहीं होता उसे भूल जाना
बस में रह जाता है इंतजार करना।

52. मेरा दहेज

क्या तुम मुझे दहेज में
ले आओगे अपने बचपन के
पुराने खिलोने
वो पुराने कपड़े जो तुम
पहन के इतराते घूमते थे
सुनाओगे बचपन की खट्टी मीठी यादें
मैं तुम्हारा बचपन जानना चाहती हूं
मेरे लिए लाई श्रंगार पेटी में
तुम लाना अपनी मुस्कुराहटें
तुम्हारे मुख पर फैली आभा
अपना सोने जैसा स्वभाव
हीरे जैसी दृढ़ता
मैं उनसे श्रंगार करूंगी
मुझे चाहिए कुछ डिब्बे
भरी हो जिसमें नादानियां तुम्हारी
बंद हो तुम्हारी खामियां
तुम्हारी किशोरावास्था का अल्हड़पन
तुम्हारी साहस भरी सरगोशीयां
साथ ही तुम लाना
कालेज में उन लड़कियों की बातें
जिनको तुम पसंद करते थे
तुम लाना अपनी वो डायरी
जिसके पन्ने तुम्हारी चुगली करते हों
एक बड़ा सा पिटारा
भरी हो जिसमें तुम्हारी ढेरों खुशियां

और वह छोटा सा थैला
जिसे तुम चिपकाये रहते हो खुद से
जिनमें तुम्हारे दुख दुबके हैं
मैं तुम्हारी खुशियां नहीं।
दुख देखना चाहती हूं क्योंकि
मुझे अपनी खुशियों के बदले
तुम्हारे दुःख बांटने हैं
तुम लाना अपना भरपूर प्यार
अपने मजबूत कांधों का सहारा
अपना विश्वास
अपनी आत्मा
लाना एक मजबूत प्यार की डोर
जिसमें हम जीवन भर बंधे रहे
और एक ऐसी दुनिया
जिसमें धन न हो, गाड़ी बंगला न हो
बस सुकून हो, श्रद्धा हो और हो विश्वास
बस इतना ही लाना दहेज में
तुम लाना मेरे लिए दहेज।

53. आशंका और आशा

जैसे धरती के गर्भ में उबलता लावा
जब तक फूट ज्वालामुखी नहीं बनता
राख और लावा बहते बहते जम जाने पर ही
अन्दर की ज्वाला शांत होती है
वैसे ही कभी शांति भ्रम मात्र होती है
जब तक आशंका का घटना नहीं होता।
पल भर में हृदय गति द्रुत हो जाती है
सांसें लेना दूभर होता जाता है।
अंतर्मन में विचारों का मंथन
कितने ही दुस्वपनों का निर्माण
भार लगने लगता है जीवन
फिर जब अकस्मात भ्रम टूट गया
छट गये आशंका के बादल
आशाओं की वर्षा होने लगी
नव जीवन का संचार हुआ
सुख के दिनों की आहट लगी
जीवन रस से सराबोर हुआ
आनंद से हृदय भर गया
अब आशंका से भरे बीते दिन
किसी दुस्वप्न से लगने लगे
याद कर उनको जीवन को
फिर तल्ख न बनाओ
खुशियां भरे दिन आ गये
तो फिर खुशियां ही मनाओ।

54. विडंबना

ये क्या एक विडंबना है
जिसने शेर बनाया है
उसी ईश्वर ने उस निरीह
मेमने को भी बनाया है
सही है ईश्वर मुख देने से पहले
भोजन की व्यवस्था करें
क्या ये जरूरी है कि जीवन के साथ
मृत्यु का भी निर्माण करे
ये कैसा न्याय है मालिक का
मेमने को शेर का भोजन बनाया
पर शेर किसी का भोजन नही
असंतुलन भरी दुनिया बना इतराया
किसी को दो दाने अन्न के न मिले
कोई फैक रहा सुगंधित पकवान
कोई फुटपाथ को बनाये आशियाना
किसी को महल मिले आलीशान
फिर भी कहते हैं लोग
भगवान सब को देखें एक नजर
अगर ये सच है तो फिर
क्यों नही सब को मिला बराबर।

55. वक्त को बदल दो

निराशा के बादल छंट सकते हैं
अभी देर नहीं हुई है
सिर्फ आंखें खोलने की देर है
सबेरा अपने आप हो जायेगा
वक्त का क्या है कभी बदल जाएगा
वक्त तुम्हें बदले इसके पहले ही
तुम्ही वक्त को बदल डालो
हर इंसान कहीं पहुंचना चाहता है
पर रास्ता सबको नहीं मिलता
कुछ लोग बनाते हैं राह अपनी
फिर लोग चलते हैं उस पर
वैज्ञानिक करते है नये अनुसंधान
बनाते हैं नये नये उपकरण
फिर आगे आने वाली पीढ़ी
बनाती हैं उसे और उपर जाने की सीढ़ी
पर आज का मानव खींच लेता है
अपने उपर वाले की टांग
क्योंकि ऊपर जगह कम होती है
और बिना एक के हटे
नहीं मिलती दूसरे को स्थान
होड़ में लगे है लोग आगे निकलने
बेतहाशा भागा रहे बिना जाने कि
एक दिन सेर को सवा सेर मिलता है।

56. संबध

समय बदल सकता है जीवन के साथ
जीवन बदल जाता है समय के साथ
पर प्रेम के संबंधों को न बदलने देना
चाहे समय बदले चाहे जीवन बदले,
आशाओं पर ही तो ये संसार टिका है
बहते पानी सी में जीवन धारा में चलो बहते
विपरीत दिशा में उस प्रवाह में बह ना सकोगे
टूट जायेगा विश्वास तुम्हारा धारा से लड़ते लड़ते,
कोमल है जीवन की डोर संघर्ष में टूट ना जाए
कुछ समझौता कर चलने में ही होती भलाई
ईश्वर ने जो भी दिया है संतोष करो उसमें ही
धन्यवाद करें उसका ले कर हम राम दुहाई,
प्रेम संबंधों पर टिका है ये जग सारा
सच्चे प्रेमी ही आगे आ पीछे अश्रु धारा
दुख के कठिन समय में देते वही सहारा
अनगढ़ राहों में थामे जो हाथ हमारा,
पर शत्रुओं की भी कमी नहीं होती है
छुप छुप कर वार करते रहते हैं सदा
कभी मिल भी जाएं किसी मोड़ पर
प्रगाढ़ मित्र हैं, दिखाते हैं ऐसी अदा,
ज्ञानी जन तो कहते हैं उनसे भी प्रेम करो
वो भले नीचे गिर जाएं तुम तो ना गिरो
एक दिन वो अपनी करनी पर पछताएगा
सच्चे मन से पास तुम्हारे वो आएगा,
संबंधों का मूल्य, नहीं कोई तोल सका

अनमोल खजाना है कभी लुटने ना देना
मुश्किल से मिलते हैं सच्चे साथी जग में
बन जाए तो उसे कभी टूटने ना देना।

57. दीवार का रहस्य

हर घर की दीवार अलग होती है
कितने ही राज छुपे होते हैं उनमें
मौन रह कर सुनती रहती है
बेबस औरत की सिसकियां
कभी रात में माता की लोरियां
सुनी होंगे कितनी फुसफुसाहटें
कुछ दबे क़दम चलने की आहटें
पति-पत्नी की प्यार की बातें
प्रेम प्रसंग रस से सराबोर रातें
कभी पिता की फटकार बच्चों पर
झगड़ालू सांस का कोप बहू पर
मौन गवाह है बीते दिनों के इतिहास की
पार्टियों में उठते शोर और परिहास की
दीवारों से घिरे कमरों में लोग आते रहे
दुख सुख से दिन बिता कर जाते रहे
स्वजन की मौत पर सिर धुनते देखा
नवजात शिशु के लिए ख़ुशी मनाते देखा
हर अवस्था में तटस्थ निर्विकार रही
पर किसी की कहानी कभी न कही।

58. पहली मुहब्बत

तुम मेरी पहली मुहब्बत थी
और शायद आखिरी भी
क्योंकि उसके बाद मैं कभी
प्यार ना कर सका किसी से
तुम्हारा वजूद सामने आ जाता
तुम्हारे इश्क में पागल तो नहीं
मगर दिल से तुम्हारा ख्याल
निकाल न पाया चाह कर भी
बरसों के फासले धुंधला न कर सके
क्या तुम्हारे प्यार का रंग इतना
गहरा था, जो कभी उतर न पाया
मैंने तुम्हारी सारी तस्वीरें मिटा दी
पर मस्तिष्क में छपा अक्स तुम्हारा
भुलाने नहीं देता है यादें तुम्हारी
जमाना बदल गया चेहरे बदल गये
मेरे चारों तरफ़ के लोग बदल गये
फिर क्यों तुम्हारी सूरत जो मन मे है
आज तलक वैसी की वैसी है
जैसा, तुम्हें आखिरी बार देखा था
पर फिर भी तुम्हारा दिया दर्द
मुझे मीठा लगता है, क्योंकि वह
रगों में बहते लहु को ताप देता है
कभी वक्त मिले तो एक बार
मिल जाओ पर ले के, तुम्हारी
पुरानी सूरत, जिसे मैं जानता हूं

इक झलक मिलने की दुआ करता हूं ।

59. तुम्हारे बिना

न तुम बेवफा थी न ही मैं बेवफा था
प्यार तुमको भी था प्यार हमको भी था
जिंदगी में साथ साथ हम दोनों चलते गये
फिर क्यूं फासले इस कदर बढ़ते चले गये
जहां गिले शिकवों की जगह नहीं थी
न जाने कैसे शिकायतें बनती चली गई
जिंदगी हाथ से रेत सी फिसलती चली गई
उल्फत न जाने क्यों धूंए सी सिमटती गई
और न तुम्हें पता चला ना हमें पता चला
तुम कहां जा निकली मैं कहां जा निकला
आज तुम नदी के उस छोर पर खड़ी हो
मैं इस पार हूं शायद मुझे पर नज़र पड़ी हो
पता नहीं तुम मुझे पहचान पाई या नहीं
या मुझे चाह कर भी आवाज़ ना दे रही
मैं अब तुम्हारे पास लौटना चाह रहा हूं
जुदाई सहन नहीं होती आह भर रहा हूं
तुम्हारी आंखों के आईने में बसी थी मेरी सूरत
अब भी झलकती है या नहीं देखना है
अब भी तुम्हारे दिल को होगी मेरी जरूरत
मैंने ये सोच कर तुम्हें जाने दिया कि
तुम अगर लौट आओगी तो तुम मेरी हो
मगर न आई लौट कर तो समझूंगा कि
असल में, तुम कभी भी मेरी थी ही नहीं
चाहता था मेरे चेहरे पर तेरी जुल्फ महके
चाहता था तेरे प्यार के नशे में कदम बहके

तुमने मेरे दिल का एक टुकड़ा ले लिया है
मैंने बाकी जीवन टूटे हृदय के सहारे जिया है
इसे अपने गले में लाकेट बना पहन लेना
कभी याद आए मेरी सीने से लगा लेना
तुम किसी परिंदे की तरह उड़ गई
मेरे दिल का खाली पिंजरा छोड़ गई
भीड़ में भी अब मुझे तनहाई मिलती है
टूटे अरमानों में जिंदगी सिसकती है
चलो अब तुम नही आओगी तो भी
ये जिंदगी बसर होती रहेगी फिर भी।

60. कृष्ण प्रवास

कृष्ण मथुरा प्रवास कर गये
गोपियां उदास रह गयी
गोकुल की गैया चरने नहीं जा रही
चरागाह की राह दिखाने वाला नहीं
पंछियों का कलरव रुक गया
किसके लिए बिलोये माखन
माखन चोर तो चला गया
मन चुरा ले गया मनमोहन
पायल की छमछम थम गई
बंसी की धुन लुप्त हो गई
बंशी वट के नीचे बैठी राधा की
कोमल काया कुम्हला गई
यशोदा मैया बिलख रही है
क्यों कान्हा पर मैंने डपट लगाई
रूठ गया मुझसे मेरा लल्ला
मेरी ममता की हो गई रुसवाई
कोई उलाहना देने नहीं आयेगा
सखा मंडल घर से नहीं निकलते
रास कुंज में सन्नाटा अब रहेगा
पथरा गई आंखें राह जोहते जोहते
पनघट पर गगरी, कान्हा की
कंकरी का इंतजार कर रही
कृष्ण ने बंसी बजानी जो छोड़ी
ले लिया हाथ सुदर्शन चक्र, फिर
जीवन भर कोई तान नहीं छेड़ी

सखियों संग निधि वन में रास रचैया

बन गये कुरूक्षेत्र में गीता के गवैया

बाल लीला करने वाले नटखट

अर्जुन का रथ हांक रहे सरपट

रंगमंच बदल गया भूमिका बदल गई

वंशीधर की मूरत चक्रधर मूरत बन गई

कुरूक्षेत्र को धर्मक्षेत्र में परिवर्तित किया

दुष्ट प्रवृतियों का नाश करा धर्म स्थापित किया

सुत्रधार बन कठपुतलियां नचाता रहा

मंद मंद मुस्कान से सबको छलता रहा

इस जग को प्रेम का संदेश देता रहा

पर साथ ही अन्यायी से युद्ध करते रहो

न अन्याय करो न अन्याय को सहो

चक्र नहीं ,विराजमान हैं हर मंदिर में

प्रभु की मूरत है, लिए वंशी ही कर में

रास रचाने तो धरती पर न आया था

महाभारत रचा कर नवसंदेश लाया था

61. ज़िंदगी का फ़लसफ़ा

तलाश कभी खत्म नहीं होती
वक्त खत्म हो जाता है
इंतजार मुकम्मल नहीं होता
उम्र खत्म हो जाती है
दर्द खत्म नहीं होता है
दवा खत्म हो जाती है
ज़िंदगी इस फलसफे में
ऐसी रह गई है उलझ के,
जिस की तलाश थी वह मिला क्यों नहीं
था जिस का इन्तज़ार वह आया क्यों नहीं
दर्द नासूर हो गया दवा लगी क्यों नहीं क्यों कि
तलाश जिसकी थी, उसका कोई पता नहीं था
इंतजार जिसका था वह सपनों में मिला था
दर्द कैसे मिटता, दवा नहीं दुआ का मामला था।

62. तुम कहती हो

तुम कहती थी सौ जनम तक
तेरा मेरा साथ रहेगा
इस एक जन्म में साथ न रहा
अगले जनम में जाने क्या होगा ?
खून के रंग से ज़्यादा सुर्ख
प्यार का रंग होता है
वक्त जितना भी थोड़ा हो
जीवन से लम्बा होता है
क्या तुम्हारे प्यार का रंग
इतना फीका हो गया ?
चंद दिनों में ही कसमें वादों का
दौर खत्म हो गया ?
तुम चली जाओगी
फिर भी क्या भूल पाओगी ?
अपने इस घौंसले से
आसानी से उड़ पाओगी ?
वो शाम साथ गुजारी थी
जो सुबह तुमसे होती थी
क्या उन्हें कभी भूल पाओगी ?
ऐसा नहीं है की कभी
तकरार नहीं होती थी
पर प्यार भरी मीठी बातों
को भी तो याद करो
उन स्नेह भरे स्पर्शो के
रोमांच का ध्यान करो

क्या इन बातों का कोई
मुल्य नहीं रह गया है ?
हमारे दिलों में उमड़ता
प्यार कहीं बह गया है ?

www.ingramcontent.com/pod-product-compliance
Lightning Source LLC
Chambersburg PA
CBHW021122130726
47988CB00003B/1125